100

cosas que debes saber sobre
PIRATAS

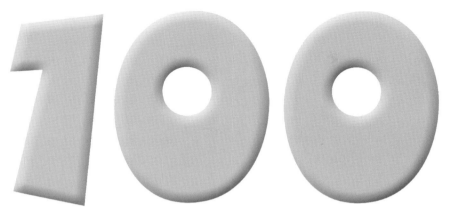

100
cosas que debes saber sobre
PIRATAS

Andrew Langley

Consultora: Richard Tames

Club de Lectores

Esta edición en lengua española fue realizada a partir del original de Miles Kelly Publishing, Ltd., por Signo Editorial, S.A. de C.V. Blvd. Manuel Ávila Camacho No. 1994-703, San Lucas Tepetlacalco, Tlalnepantla, Estado de México, C.P. 54055, México
Tel. 53 98 14 97
club@clublectores.com

ISBN: 968-5938-49-0 Colección: 100 cosas que debes saber sobre…
ISBN: 970-784-058-7 *100 cosas que debes saber sobre piratas*
© 2007 Signo Editorial, S.A. de C.V.

Traducción al español: Héctor Escalona en colaboración con Correo del Maestro y Ediciones La Vasija.
Cuidado de la edición: Correo del Maestro y Ediciones La Vasija.

Copyright © Miles Kelly Publishing 2004
Título original: *100 things you should know about pirates*
Autor: Andrew Langley

Agradecimientos
Los editores quieren agradecer a los siguientes artistas por su contribución a este libro: Chris Buzer/Studio Galante, Peter Dennis/Linda Rogers Assoc., Nicholas Forder,
Mike Foster/Maltings Partnership, Terry Gabbey/AFA, Luigi Galante/Studio Galante, Brooks Hagan/Studio Galante, Sally Holmes, Richard Hook/Linden Artists Ltd,
Kevin Maddison, Janos Marffy, Terry Riley, Pete Roberts/Allied Artists, Martin Sanders, Francesco Spadoni/Studio Galante, Rudi Vizi, Mike White/Temple Rogers,
y caricaturas de Mark Davis para Mackerel.

Este libro se terminó de imprimir y encuadernar en Pressur Corporation, S.A, C. Suiza, R.O.U., en el mes de febrero de 2007. Se imprimieron 5000 ejemplares.

Contenido

El mundo de los piratas

1 **Un pirata es un ladrón en el mar.**
Los piratas atacan barcos y puertos para robar tesoros y otros bienes. Tan pronto como las primeras embarcaciones empezaron a llevar carga, aparecieron los piratas, y hoy en día todavía son una amenaza. Hace 500 años ciertas zonas se convirtieron en los bastiones preferidos de los piratas. Los "corsarios" se lanzaban sobre sus víctimas en el Mediterráneo. Los "bucaneros" del Caribe atacaban los galeones cargados de tesoros que iban a Europa. También el océano Índico y los mares del sur de China eran peligrosos para los barcos mercantes que ahí navegaban.

Terror de los mares

2 Las islas griegas eran el hogar de algunos de los antiguos piratas más conocidos. Allá por el año 500 a.C., muchos barcos de carga comerciaban a lo largo de las costas del Mediterráneo. Eran presa fácil de los piratas, que robaban sus cargamentos de plata, cobre y ámbar (una resina fosilizada preciosa), para luego esfumarse en sus guaridas entre las islas.

3 En 67 a.C., el gobernante romano Pompeyo envió una enorme flota para acabar con los piratas del Mediterráneo. Éstos se habían convertido en un peligro para la misma ciudad de Roma porque robaban los suministros de grano. Durante varios años, la campaña romana consiguió eliminar la amenaza de los piratas.

4 **Los piratas de la antigüedad utilizaban embarcaciones pequeñas y veloces de poco calado.** Podían gobernarlas con facilidad y así huir a pequeñas bahías y canales donde los barcos grandes no podían entrar.

ACERTIJO GRÁFICO

Este barco griego, llamado trirreme, se utilizaba para combatir a los piratas. Ocupaba tres hileras de remeros a cada lado. Cuéntalos para saber cuántos se necesitaban para impulsar el trirreme.

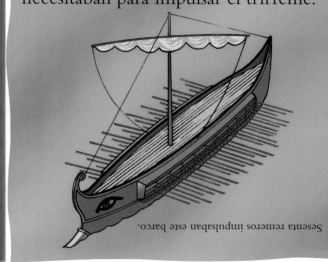

Sesenta remeros impulsaban este barco.

5 **Julio César fue capturado por piratas cuando tenía 25 años.** Siendo todavía prisionero, decía en broma que regresaría y los mataría a todos. Al final fue liberado y cumplió su promesa. Las tropas de César apresaron y ejecutaron a los piratas unos meses después.

6 **Barcos vikingos cruzaban el Mar del Norte para tomar por asalto los poblados de la costa británica.** Bandas de hasta 50 vikingos aterrorizaban a los britanos con sus hachas de guerra y espadas de doble filo. Sus veloces "dragones" de fondo plano podían llevarlos río arriba para atacar aldeas tierra adentro.

Rivales en el mar

7 Los piratas del Mediterráneo eran conocidos como "corsarios". Los corsarios más famosos fueron unos musulmanes de la costa de Berbería, al norte de África. Saqueaban los barcos cristianos, especialmente cuando ambos bandos se hallaban en guerra tras iniciar las cruzadas, cerca del año 1100.

8 Los corsarios querían personas, no tesoros. Vendían a sus cautivos ordinarios como esclavos o los forzaban a trabajar en sus galeras. Los ricos eran más valiosos. Los corsarios exigían rescates a cambio de su libertad.

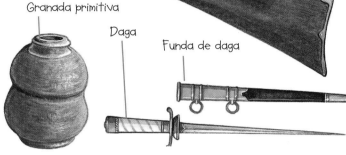

Éste es un trabuco. El propósito del extremo más ancho, o boca, era dispersar los perdigones en un área grande.

Bala de cañón

Granada primitiva

Daga

Funda de daga

9 **Las galeras corsarias llevaban al frente un pesado espolón.** La galera embestía el costado de la embarcación cristiana. En seguida, unos soldados llamados jenízaros saltaban a bordo de ella y rápidamente sometían al enemigo.

10 **Los corsarios luchaban con unas espadas curvas llamadas cimitarras.** Los artesanos musulmanes fabricaban las espadas y dagas más afiladas y bellas del mundo. Algunos corsarios usaban también mosquetes, y las galeras estaban armadas con pequeños cañones de latón.

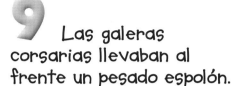

11 **Los dos corsarios más temidos eran los hermanos Barbarossa.** Uno de ellos atacó barcos que pertenecían al Papa, e incluso tomó la población de Argel en el norte de África, pero fue asesinado ahí en 1518. El otro Barbarossa se alió al emperador turco.

¡INCREÍBLE!

"Barbarossa" no era el nombre verdadero de los hermanos, sino un sobrenombre que les dieron sus enemigos debido al color de su barba. Barbarossa significa "barba roja" en latín.

Capturados por corsarios

12 **La vida de un esclavo de galeras era horrible.** Los remos eran tan grandes y pesados que se necesitaban hasta seis hombres para tirar de uno de ellos. Los esclavos estaban encadenados a filas de bancas. Entre ellas se paseaba el capataz u oficial al mando. Éste obligaba a los hombres a trabajar más duro: les gritaba o los azotaba con su látigo.

▼ Adentrarse al mar en un bote robado, o hecho a mano, era la única forma en que los esclavos podían escapar.

14 **Muchos esclavos intentaban escapar.** Algunos se dirigían tierra adentro, pero hallaban sólo regiones desiertas donde escaseaban el alimento y el agua. La única otra forma era escapar por mar, haciendo o robando un bote. Muy pocos lograban huir.

13 **En tierra, los esclavos vivían en una prisión o bagnio.** Cada esclavo tenía una pesada argolla y cadena remachada al tobillo, y se le daba una cobija para dormir. Cuando no remaba en las galeras, pasaba el tiempo excavando o picando piedra. Recibía poco alimento además de pan, y muchos morían en el bagnio.

15

También había corsarios cristianos. Muchos tenían su base en la isla de Malta, donde eran apoyados por caballeros cristianos del lugar que querían ver derrotados a los musulmanes. Los corsarios malteses también usaban galeras cuyos remeros eran hombres capturados y forzados a trabajar, y eran tan brutales como sus enemigos del norte de África.

▼ La flota holandesa e inglesa bombardeó Argel con cañones para detener a los corsarios y liberar a sus esclavos.

CUESTIONARIO

1. ¿Quién fue capturado por piratas a la edad de 25 años?

2. ¿Cómo se llamaban los barcos de los vikingos?

3. ¿Con qué nombre se conocía a los piratas del mar Mediterráneo?

4. ¿Qué es una cimitarra?

5. ¿Qué es un bagnio?

1. Julio César 2. Dragones 3. Corsarios 4. Una espada curva de corsario 5. Una prisión para esclavos

16

En 1816 una flota de barcos holandeses e ingleses bombardeó Argel. Obligaron a los corsarios a liberar a más de 3000 esclavos. Años después, tropas francesas invadieron Argel y pusieron fin a los estragos de las bandas de corsarios.

17

Algunos corsarios atacaban países alejados del Mediterráneo. Murad Rais navegó hasta Islandia en 1627. ¡Los tesoros de su botín incluían pescado salado y cuero!

El mar Caribe

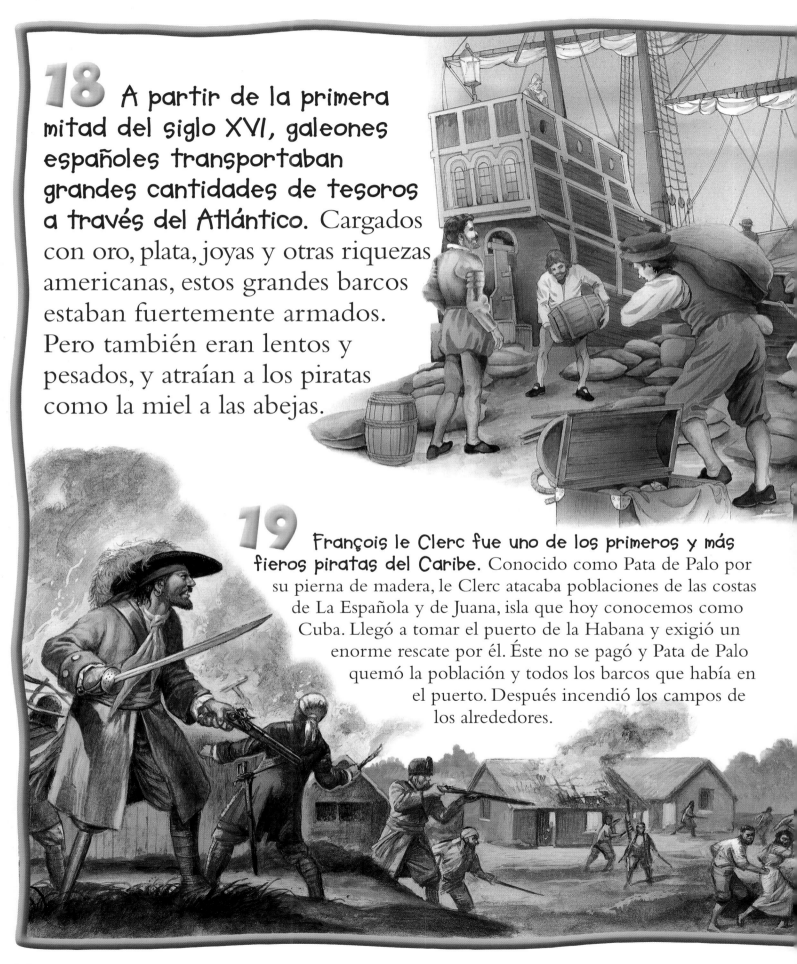

18 A partir de la primera mitad del siglo XVI, galeones españoles transportaban grandes cantidades de tesoros a través del Atlántico. Cargados con oro, plata, joyas y otras riquezas americanas, estos grandes barcos estaban fuertemente armados. Pero también eran lentos y pesados, y atraían a los piratas como la miel a las abejas.

19 François le Clerc fue uno de los primeros y más fieros piratas del Caribe. Conocido como Pata de Palo por su pierna de madera, le Clerc atacaba poblaciones de las costas de La Española y de Juana, isla que hoy conocemos como Cuba. Llegó a tomar el puerto de la Habana y exigió un enorme rescate por él. Éste no se pagó y Pata de Palo quemó la población y todos los barcos que había en el puerto. Después incendió los campos de los alrededores.

▼ Los soldados que guardaban el tesoro eran llamados "conquistadores", y fueron los primeros soldados españoles que invadieron América del Sur. Solían viajar con los barcos del tesoro, pero no eran rivales dignos de los piratas.

ACERTIJO GRÁFICO

Identifica las distintos tipos de tesoros ocultos a bordo de este galeón.

Debes poder identificar oro, joyas y "reales de a ocho".

20 **Pronto los españoles comenzaron a reunir sus galeones en flotas.** Comprendieron que los grupos de barcos estarían más a salvo de los piratas que las embarcaciones solas. Dos grandes flotas llegaban cada año al Caribe. Una de ellas se cargaba con tesoros de México. La otra iba a Panamá, donde recogía plata llevada por tierra desde las minas de Perú y tesoros transportados por el Pacífico desde las Filipinas. Pequeños barcos de guerra fuertemente armados protegían las flotas del tesoro en el trayecto de regreso a España.

Barcos del tesoro

Barcos de guerra armados

▲ Los barcos con tesoros, los grandes de en medio, navegaban siempre a través del Atlántico flanqueados por barcos de guerra fuertemente armados.

Perros de mar

21 John Hawkins atacó muchas veces los barcos del tesoro en el Caribe. Pero no se consideraba a sí mismo pirata. Llevaba una carta de su reina, Isabel I de Inglaterra, que le permitía atacar barcos de una nación enemiga. Inglaterra y España no estaban en guerra, pero eran enemigas. Hawkins, y muchos como él, eran llamados "corsarios".

▲ Esta patente de corso fue emitida por el rey Jorge III de Inglaterra. Las patentes genuinas contenían restricciones respecto a los navíos que podían ser atacados.

▲ El comercio de esclavos duró cientos de años. Hasta 70 000 de ellos eran transportados cada año en condiciones terribles. Algunos afirman que fueron entregados en total 15 millones de esclavos, pero muchos murieron en el camino.

22 Los viajes de Hawkins lo hicieron muy rico. Navegó primero a África occidental donde capturó a 400 esclavos y los cargó a bordo. Después navegó al Caribe donde vendió a los esclavos a cambio de oro, plata y perlas.

23 Walter Raleigh nunca encontró oro en América del Sur. Hizo dos viajes en busca del fabuloso hombre cubierto de oro: El Dorado. Ambos viajes fracasaron y, cuando regresó, Raleigh fue decapitado.

24

Francis Drake fue el más grande de los "perros de mar" isabelinos. Se hizo a la mar por primera vez a los 14 años y luego se unió a su primo John Hawkins en sus expediciones. Al igual que éste, se hizo corsario y libró una guerra no oficial contra España.

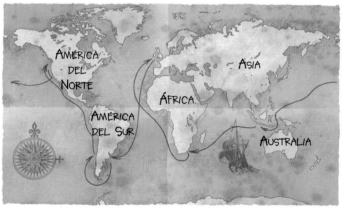

▲ Ruta del viaje de tres años de Drake alrededor del mundo.

26

En 1572, Drake atacó poblados españoles en Panamá. Emboscó una recua de mulas cargadas de plata en Nombre de Dios. Fue el primer inglés en ver el océano Pacífico. Juró que un día navegaría en él.

25

La hazaña más asombrosa de Drake fue su viaje alrededor del mundo. Partió en 1577 y encontró el camino al Pacífico. Ahí capturó el gigantesco buque español *Cacafuego*, que llevaba un cargamento cuyo valor era equivalente a más de 12 millones de libras actuales. Para cuando Drake regresó a Inglaterra en 1580, sus otros dos barcos también llegaron atestados de riquezas.

¡INCREÍBLE!

Cuando Drake asaltó el almacén del tesoro en Nombre de Dios, desembarcó por la noche, capturó los cañones y venció a los guardias. Al abrir el almacén, ¡éste estaba vacío!

Cazadores de cerdos

27 Los primeros bucaneros eran vagabundos y criminales de la isla de La Española, donde hoy se ubican Haití y la República Dominicana. Erraban por la isla cazando cerdos salvajes para comer. Los cocinaban sobre hogueras de leña.

28 Durante la década de 1630, los españoles expulsaron a los bucaneros y mataron a los cerdos salvajes. En consecuencia, los bucaneros, obligados a buscar alimento en otra parte, se hicieron piratas: atacaban y saqueaban los barcos mercantes españoles que iban de paso.

29 El primer bastión de bucaneros fue una pequeña isla rocosa llamada Tortuga. Tenía un puerto abrigado y estaba cerca de la ruta principal de navegación. Los bucaneros construyeron un fuerte en Tortuga y colocaron en él 24 cañones apuntando hacia el mar.

30 Henry Morgan comenzó como corsario, pero pronto se convirtió en un famoso jefe bucanero. En 1668 condujo un ejército por tierra para saquear la ciudad de Portobello, en Cuba. Dos años más tarde, Morgan conquistó la ciudad de Panamá y abrió el camino al Pacífico para los piratas.

ACERTIJO GRÁFICO

En este dibujo hay escondidas seis armas de piratas. ¿Puedes hallar una cimitarra, una daga, una pistola, un mosquete, un hacha y una bomba incendiaria?

31

El nombre de Francisco el Olonés despertaba terror en los corazones españoles. Este bucanero se hizo famoso por sus actos crueles y despiadados. Esto redundaba en que la gente estaba más que dispuesta a rendirse de inmediato cuando sabía que se trataba de él.

32

Los bucaneros inventaron un tipo especial de espada: el machete. Al principio los bucaneros usaban un cuchillo para destazar los cerdos salvajes. Éste pronto se transformó en una espada corta y ancha que muchos piratas y otros marinos llevaban como arma principal en la batalla.

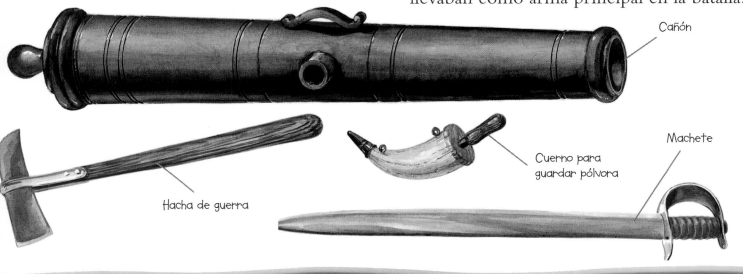

Cañón

Machete

Cuerno para guardar pólvora

Hacha de guerra

Bastión de piratas

33 **En la década de 1650, la mayor parte de los bucaneros se mudó a una nueva guarida en Jamaica.** Ésta era Port Royal, situada en el extremo de una estrecha lengua de tierra. Había un fuerte para resguardar la entrada al puerto y muelles donde los piratas podían reparar sus barcos. Los británicos, que gobernaban Jamaica, no intentaron poner trabas a los piratas. ¡Port Royal era un paraíso pirata!

34 **Port Royal era un lugar donde privaba el desenfreno y abundaban las riquezas.** Los bucaneros llevaban su botín a los muelles para venderlo a comerciantes. Con el dinero, recorrían las calles en busca de diversión. En el pueblo había 44 tabernas atestadas de borrachos, ladronzuelos y esclavos fugitivos, además de piratas. El dinero desaparecía rápidamente. Un ciudadano escribió al respecto que "se ha sabido de bucaneros que gastaron 3000 reales de a ocho [monedas de plata] en una noche". Esto equivale a 45 000 libras actuales.

35 Port Royal fue destruido por un terrible terremoto en 1692. Se derrumbaron edificios y el mar se tragó dos calles completas. Después del terremoto, llegó una ola gigantesca que cubrió el poblado. En el desastre murieron unas 4000 personas, y hubo quienes lo vieron como un castigo divino por su maldad.

CUESTIONARIO 2

1. ¿Qué carne comían los primeros bucaneros?

2. ¿En qué isla vivían?

3. ¿Qué tipo de espada inventaron los bucaneros?

4. ¿A dónde iban los galeones del tesoro?

5. ¿Qué eran los reales de a ocho?

1. Cerdo salvaje 2. La Española 3. El machete 4. España 5. Monedas de plata

Isla de ladrones

36 **Los piratas acecharon el océano Índico muchos siglos.** Desde bases situadas en la costa india, más de 100 barcos pirata se hacían a la mar. En verano, recorrían el océano en busca de navíos mercantes solitarios para quitarles su carga.

37 **Cuando los marineros portugueses llegaron al océano Índico, pronto se convirtieron en piratas.** A partir de 1500, comerciantes portugueses navegaron de África a la India, para luego continuar hacia el Lejano Oriente. Robaban sedas, especias, joyas y oro a los mercaderes árabes.

38 **Los exóticos tesoros de Oriente atrajeron muy pronto a muchos bucaneros.** Éstos se trasladaron del Caribe al océano Índico y muchos se establecieron en la isla de Madagascar. Ésta era una tierra selvática e inexplorada donde era fácil ocultarse.

▲ La gran isla de Madagascar se encuentra en el extremo sudoriental de África. Su lejana y selvática costa era un bastión perfecto para los piratas.

39 **William Kidd comenzó como cazador de piratas, ¡pero luego se hizo pirata!** En 1696 fue enviado a perseguir piratas en el océano Índico. Al cabo de unos meses, comenzó a atacar navíos mercantes, entre ellos el *Queddah Merchant*, cuya carga vendió por 10 mil libras. Cuando regresó a su patria fue arrestado y ahorcado por piratería. Su cadáver fue expuesto en una jaula en la desembocadura del río Támesis por varios años.

40

Henry Avery era conocido como el temible **"Archipirata"**. Su acto más feroz fue la captura, en el Mar Rojo, de un buque del emperador de la India, lleno de tesoros. Torturó a muchos pasajeros y atemorizó tanto a las mujeres que éstas saltaban por la borda.

41

Kanhoji Angria fue el más grande de los piratas del océano Índico. Luego de zarpar de la costa occidental de la India, dirigió sus navíos contra los barcos mercantes que pasaban. Construyó además una serie de fuertes a lo largo de la costa y desafió a las fuerzas de la armada británica. Sus seguidores eran llamados "angrianos".

BÚSQUEDA DE PIRATAS

En esta sopa de letras están ocultos los apellidos de siete piratas y corsarios. ¿Puedes hallarlos todos?

B	R	N	A	D	C	X	M
D	R	A	K	E	B	N	O
L	E	C	L	E	R	C	R
K	R	K	S	E	S	W	G
L	O	I	A	A	I	G	A
D	S	D	N	L	S	G	N
C	Y	D	T	E	A	C	H

Drake, Raleigh, Morgan, Le Clerc, Read, Kidd, Teach.

Juncos y batangas

42 **Los mares del sur de China eran un lugar perfecto para los piratas.** Había un laberinto de pequeñas islas, manglares y estrechos canales donde esconderse, y muchos barcos mercantes que emboscar. Los piratas chinos ganaron fama por su violencia y sus brutales métodos.

CHINA

Río Cantón

OCÉANO PACÍFICO

MAR DE CHINA MERIDIONAL

Estrecho de Malaca

BORNEO

SUMATRA

JAVA

OCÉANO ÍNDICO

44 **Ching-Chi-Ling fue el primer gran jefe chino de piratas.** Con su flota de más de 1000 juncos, sembró el terror en la costa de China.

43 **Los piratas chinos navegaban en barcos llamados juncos.** Éstos solían ser embarcaciones comerciales capturadas, con tres mástiles y velas cuadradas de bambú. El capitán habitaba en la cabina de popa con su familia y sus hombres dormían en la cubierta al aire libre. Los juncos estaban armados con cañones, y los marineros con mosquetes y pistolas.

▶ Los chinos habían navegado en sus juncos desde hacía cientos de años. El general Zheng-he comandaba, en el siglo XIII, juncos de navegación oceánica más de cinco veces más grandes que los barcos europeos de la época.

▲ Con sus enormes flotas de juncos, los piratas chinos como Ching-Chi-Ling y Shap-'ng-tsai ejercían un inmenso poder en el Mar de China Meridional y hasta el océano Índico.

45 **Los piratas balanini provenían de las islas Sulú.** Navegaban en pequeñas y veloces canoas con vigas adicionales, llamadas batangas. En éstas, los balanini se lanzaban sobre las islas vecinas y secuestraban cientos de esclavos para venderlos en los mercados continentales.

46 **En 1849 se enviaron buques británicos a destruir la última gran flota pirata.** Persiguieron a los juncos dirigidos por Shap-'ng-tsai a lo largo de unos 1600 km antes de atraparlos. Entonces hicieron volar los juncos y mataron a más de 1800 piratas. Shap-'ng-tsai escapó y vivió muchos años pero, por el momento, la amenaza de los piratas había desaparecido.

47 **Los piratas de los mares del Sur utilizaban armas temibles.** Con una cerbatana llamada sumpitán disparaban flechas envenenadas. Blandían una espada para tajar, afilada como navaja, llamada parang, o un puñal llamado kris. Algunos cuchillos eran rectos y otros ondulados. Había unos que eran rectos cerca del mango y curvos en el extremo. Ciertas armas estaban adornadas con mechones de cabello humano.

◀ Un kris, u "hoja resplandeciente", utilizado por los piratas de Borneo, con su funda de madera.

Mujeres piratas

48 **Mary Read vestía ropa de hombre para poder ser marinera.** Pero su barco fue capturado por piratas camino a las Indias Occidentales y Mary fue apresada. Se unió a los piratas y después fue corsaria. Su barco fue víctima de ladrones marinos, esta vez de "Calico Jack" Rackham y su esposa Anne Bonny. Pronto, las dos mujeres se hicieron amigas. En una batalla contra la armada británica, ambas pelearon como demonios mientras el resto de la tripulación (todos hombres) ¡se escondía bajo cubierta!

▶ Cuando Grace O'Malley fue indultada por su piratería, en realidad no renunció por completo a ella. Sólo dejó su negocio en manos de sus hijos, ¡que siguieron con él!

49 **Grace O'Malley comandaba una flota pirata en la costa occidental de Irlanda.** Se hizo a la mar siendo una jovencita y más tarde se mudó a un enorme castillo de piedra situado en la costa. Su flota de 20 veleros y botes de remos atacaba a los barcos mercantes que pasaban por ahí. En 1593, Grace renunció a la piratería y pidió a la reina Isabel ser indultada. Alcanzó a vivir más de 70 años.

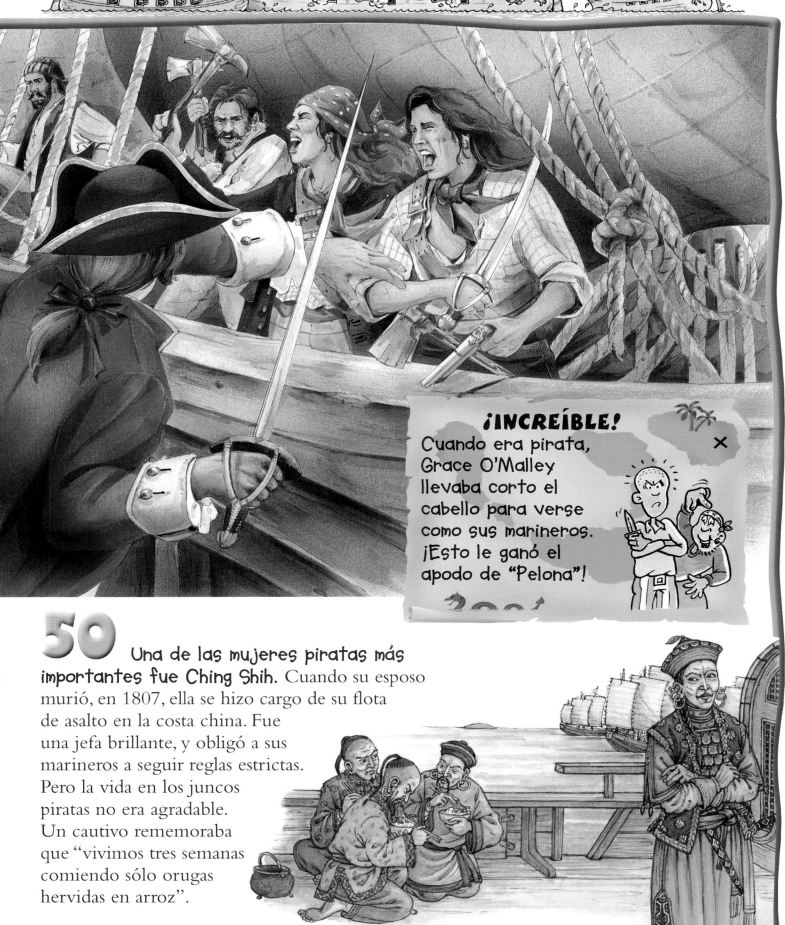

50 Una de las mujeres piratas más importantes fue Ching Shih. Cuando su esposo murió, en 1807, ella se hizo cargo de su flota de asalto en la costa china. Fue una jefa brillante, y obligó a sus marineros a seguir reglas estrictas. Pero la vida en los juncos piratas no era agradable. Un cautivo rememoraba que "vivimos tres semanas comiendo sólo orugas hervidas en arroz".

¡Todos a bordo!

51 **Los barcos pirata debían ser pequeños y rápidos.** En el Caribe, algunos eran "goletas" con dos mástiles, y otros galeras con tres mástiles, como ésta. La cabina del capitán estaba en la popa, y la tripulación dormía en la parte media del barco. El tesoro, la pólvora y las provisiones se guardaban en la bodega.

Sobremesana

Vela de gavia

Vela mayor

Velacho

Trinquete

Popa (parte posterior)

Armario de velas

Agua y provisiones

Remos

Proa (frente)

Bauprés

52 **Bajo cubierta, todo estaba apretado y olía mal.** Había poco espacio para dormir. Los piratas apenas tenían un lugar para colgar sus hamacas y pasaban la mayor parte de su vida en cubierta, salvo cuando hacía muy mal tiempo.

53 **La comida en un barco pirata era horrible.** El cocinero solía ser un pirata que había perdido una pierna o brazo y no podía hacer otra cosa. Rara vez servía algo que no fuera carne seca y galletas duras. Cuando la tripulación desembarcaba en una isla remota, cazaba para conseguir carne fresca y –más importante aún– agua dulce.

54 **Cuando había buen clima, los piratas tenían poco que hacer.** Remendaban cuerdas y velas o jugaban a los dados. Cuando el tiempo era malo, o cuando perseguían un barco, la vida era muy ajetreada. La tripulación tenía que trepar por las jarcias para dirigir las velas, hacer de vigía desde lo alto del palo mayor o preparar el cañón para disparar.

55 **Había que mantener limpio el casco del navío.** Las algas y lapas frenaban la embarcación, así que, con regularidad, los piratas la arrastraban a una playa donde raspaban el casco para eliminar lo que se había adherido. Ésta era también una oportunidad de ir a cazar alimento.

VÍSTETE DE PIRATA

Amarra una bufanda alrededor de tu cabeza. Ponte pantalones, camisa y chaleco, tan coloridos como encuentres. Los pendientes son fáciles, y no es difícil hacerte un bigote negro (de lana) y un parche para el ojo (cartón y gomas elásticas). Ahora sólo te hace falta ¡un grito aterrador de pirata!

56 **Los piratas solían vestir como un marinero de la época.** Usaban chaquetas cortas azules, camisas a cuadros y pantalones anchos de lona. Unos presumían las galas que habían robado, como pantalones de terciopelo, sombreros negros de fieltro, camisas de seda y chalecos de color carmesí con botones y encajes de oro.

▶ Si un pirata había hurtado ropa, con frecuencia simplemente la vendía. Pero si le gustaba algo, ¡se lo ponía sin más!

¡Al ataque!

57 Cuando un capitán de piratas decidía atacar, izaba una bandera especial.  No todas las banderas de piratas eran la famosa calavera con los huesos. Tampoco eran siempre negras. Los primeros piratas usaban una de color rojo vivo para asustar a sus víctimas. Las negras se pusieron en boga a principios del siglo XVIII, y en ellas los piratas incluían sus iniciales o símbolos.

58 Los piratas necesitaban rapidez para atrapar a su presa. Si tenían cañones, intentaban acertar en el mástil o las jarcias del otro barco. En caso contrario, para frenar el avance de su víctima, disparaban con mosquetes al timonel y a los hombres que manejaban las velas. Si lograban acercarse lo suficiente, podían trabar el timón para que no funcionara como es debido.

59 Los piratas iban armados hasta los dientes. Llevaban el machete en la mano y una daga en la cintura. Podían llevar hasta seis pistolas cargadas, atadas a una faja que llevaban sobre el hombro.

60 Cuando estaban suficientemente cerca, los atacantes arrojaban cuerdas con garfios curvos hacia los aparejos. El barco era atrapado como un pez. Los piratas trepaban por los costados y saltaban a bordo. A veces les esperaba una sangrienta batalla. Pero con frecuencia la tripulación enemiga estaba tan aterrorizada que se rendía de inmediato.

DISEÑA UNA BANDERA DE PIRATA

Puedes tener tu propia bandera de pirata. Sobre un fondo negro, traza tu diseño terrorífico con huesos largos, calaveras o lo que se te ocurra. ¡A nadie le estará permitido copiarlo!

61 **Los comerciantes solían esconder su carga.** Los piratas debían buscar por todas partes y derribar paredes y puertas para hallarla. Incluso llegaban a torturar a sus cautivos hasta que éstos les dijeran dónde estaba el tesoro.

62 **Bartholomew Roberts fue probablemente el pirata que más éxito ha tenido.** Conocido como Bart el Negro, capturó en total 400 barcos en la década de 1720. Apuesto y osado, era el ideal popular de bucanero. Sin embargo, ¡nunca bebió nada más fuerte que té!

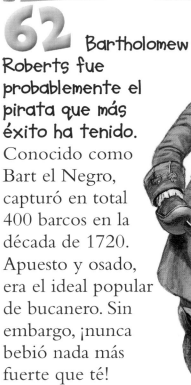

◄ Una de las mejores formas de frenar un barco era disparar a las velas y los aparejos.

31

Saqueos de piratas

63 **Los piratas añoraban oro y plata.** Algunos tuvieron la suerte de capturar barcos llenos de estos metales: en forma de monedas, lingotes o finos ornamentos. Pero en su mayoría, los barcos mercantes llevaban bienes más modestos, como telas, carbón o hierro.

▲ Tras capturar un navío de carga, los piratas trasladaban el tesoro y demás objetos valiosos a su barco.

64 **Las monedas más famosas del Caribe eran los "reales de a ocho", o pesos.** Eran de plata, de unos tres centímetros de diámetro. Cada una valía cerca de 15 libras esterlinas actuales.

65 **La seda y la porcelana eran las mercancías más preciosas de China.** Durante siglos, nadie en Europa supo cómo elaborar seda ni porcelana (loza fina de arcilla). Eran muy delicadas, y los piratas debían manejarlas con mucho cuidado.

66 **También las personas eran valiosas.** Los piratas apresaban a alguien rico y exigían un rescate a sus parientes. Una vez pagado, el prisionero era liberado.

¡INCREÍBLE!

Las especias de la India y Sri Lanka eran un cargamento muy valioso, pero era difícil venderlas y los piratas las arrojaban por la borda. Se cuenta que en cierta playa las especias llegaban a los tobillos.

67 **Algunos cofres estaban llenos de piedras preciosas.** Podían hallarse diamantes de África, rubíes y zafiros de Birmania, esmeraldas de Colombia y perlas del Golfo Pérsico. Muchas de ellas estaban montadas sobre hermosas joyas.

68 **Los piratas también necesitaban cosas comunes y corrientes.** Si habían estado lejos de tierra por varias semanas, se alegraban cuando podían robar alimentos y bebidas. ¡Y las armas de fuego, balas de cañón y pólvora siempre eran útiles!

▲ Los piratas aguardan ansiosos a que su capitán distribuya el tesoro.

69 **El capitán repartía el botín entre la tripulación.** Lo hacía con mucho cuidado, para que nadie se quejara. De cualquier forma, los oficiales recibían más que los marineros comunes, y el carpintero y el cocinero menos, porque no peleaban.

Tesoros enterrados

70 Los piratas solían esconder su tesoro enterrándolo en algún lugar remoto. Así podían regresar y sacarlo cuando las cosas se calmaran. Tras su ataque a una recua de mulas en Panamá, Francis Drake vio que su barco se había perdido de vista en el mar. Ordenó a sus hombres enterrar el botín de oro y plata, construyó una balsa, remó hasta encontrar sus navíos y los trajo de vuelta. Esa noche, sus hombres desenterraron el tesoro y lo subieron a bordo.

71 Muchos piensan que William Kidd enterró una inmensa cantidad de tesoros antes de ser capturado. La piratería le había permitido hacerse de una gran cantidad de cargamentos, cuya mayor parte vendió o dio a su tripulación. Pero cuando fue arrestado en 1699 afirmó que había escondido tesoros con un valor de 100 000 libras. Desde entonces, cientos de personas los han buscado por el mundo, pero nadie ha hallado una sola moneda.

TESORO ENTERRADO

Sigue el sendero para hallar el tesoro enterrado.

Comienza en una franja de arena con forma de medialuna. Avanza dos cuadros al noroeste y luego tres cuadros al este. Sigue el río hasta el mar. Ahora avanza un cuadro al norte y dos al este. Por último, avanza dos cuadros al norte ¡y verás el tesoro!

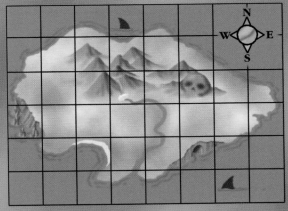

El tesoro está en el ojo de la montaña de la Calavera, en el cuadro F3.

▶ El mundo de los piratas era rudo y peligroso. No existía ningún código de conducta entre barcos, ¡así que no había razón por la que un barco pirata no pudiera robar el tesoro de otro barco pirata!

72 En 1820, los piratas del barco *Mary Dear* enterraron su botín en las islas Cocos del Pacífico.

En el botín había más de 12 000 gemas y 9000 monedas de oro, además de siete cofres de ornamentos de oro. Luego, los piratas incendiaron el barco y se alejaron remando en las lanchas. Al desembarcar en tierra fueron arrestados. Ningún pirata regresó jamás a desenterrar el tesoro, ¡y nadie ha podido descubrirlo desde entonces!

Islas desiertas

73 **Algunos capitanes pirata tenían reglas estrictas.** "Bart el Negro" Roberts hacía prometer a su tripulación que seguirían un código de conducta. No debían jugar ni pelear en el barco, ni mantener encendidas luces ni velas después de las ocho de la noche. Quien llevara a una mujer a bordo o desertara del barco sería ejecutado o abandonado en una isla desierta.

74 **Ser abandonado en una isla desierta era una suerte espantosa.** El pirata se quedaba solo en una isla desierta mientras sus compañeros se alejaban en el barco. Se le daban cosas indispensables: una pistola con municiones y una botella de agua. Pero era casi imposible escapar, y era difícil hallar alimento. La única esperanza era ser rescatado por otro barco.

Roca de las Cabras

La isla de Selkirk se llamaba Más a Tierra.

AMÉRICA DEL NORTE
ASIA
ÁFRICA
AMÉRICA DEL SUR
• Más a Tierra
OCEANÍA

Terrenos de Cabras

Bahía Abierta

Bahía de Sharpes

Cayo Pan de Azúcar

Bahía Ventosa

77 El náufrago más famoso fue Alexander Selkirk.

En 1704 quedó varado en una isla desierta cerca de la costa de Chile y estuvo ahí durante cinco años. Selkirk tuvo mucha suerte, porque en la isla había agua dulce en abundancia, además de cerdos salvajes y cabras. Finalmente, vestido con pieles de cabra, fue rescatado por un barco inglés que pasaba. El escritor Daniel Defoe basó su relato de *Robinson Crusoe* en las aventuras de Selkirk.

◄ El grupo de islas donde naufragó Selkirk son las islas de Juan Fernández. Fue muy afortunado porque en ellas había alimento y agua en abundancia.

75 El Pacífico y el Caribe están salpicados de miles de pequeñas islas.

Muy pocas de ellas tenían habitantes y muchas estaban muy lejos de las rutas principales de navegación. El náufrago debía buscar frutas y cazar pequeños animales, o bien, pescar en los cálidos mares.

76 A veces, la tripulación abandonaba a su capitán.

Esto le ocurrió a Jeremy Rendell en 1684. Después de una discusión con su tripulación, fue abandonado en una isla cerca de Honduras con otros tres hombres, una escopeta, una canoa y una red para cazar tortugas. Nunca se supo más de ellos.

ACERTIJO GRÁFICO

Te encuentras perdido en una isla desierta. En algún lugar hay escondida una botella de agua, una pistola, un cuchillo, una manta, una tetera y un hacha. ¿Puedes hallar esos objetos?

Tormenta y naufragio

78 **Un naufragio era la peor pesadilla de un pirata.** De improviso, podían desatarse violentas tormentas, especialmente en los cálidos mares del Caribe. En 1712, un huracán acarreó velocísimos vientos y olas gigantes al puerto de Port Royal, donde se despedazaron 38 barcos.

79 **Las tormentas empujaban los barcos inermes contra la costa rocosa.** En 1717, el barco pirata *Whydah* se dirigía a Cabo Cod por la costa de América del Norte, cargado de botín. Se desató una tormenta que lanzó el barco contra las rocas. El palo mayor fue derribado y el *Whydah* comenzó a deshacerse. Sólo dos tripulantes llegaron vivos a tierra.

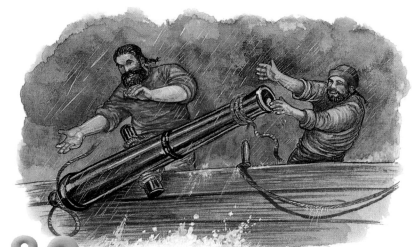

81 **Un agujero en el casco debía ser reparado ¡pronto!** La forma más rápida era "taponarlo" bajando una vela con cuerdas, de modo que cubriera el hueco. Pero las velas no eran muy impermeables y el parche duraba poco.

80 **Había pocas formas de enfrentarse a una emergencia.** Si se filtraba agua dentro del barco, los marineros trataban de sacarla con bombas. Si el navío encallaba, arrojaban objetos pesados por la borda, como un cañón o barriles de comida. Esto aligeraba el peso del barco, que entonces flotaba más alto en el agua.

82

Los piratas hallaban el camino en el mar gracias a su destreza y con mucha suerte. Los instrumentos de navegación eran simples. El capitán tenía una brújula que mostraba la dirección y un octante o sextante que indicaba el norte o el sur. Pero su longitud (posición al este o al oeste) era cuestión de conjetura.

83

William Dampier fue un experto navegante que dio tres veces la vuelta al mundo. Por poco tiempo se unió a los bucaneros de Jamaica, antes de partir a explorar el Pacífico meridional. Fue de los primeros europeos en ver Australia.

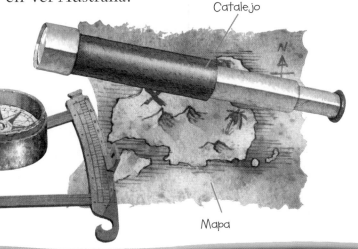

Catalejo

Brújula

Cuadrante de Davis

mpás de división

Mapa

Cacería de piratas

84 **Los países europeos comenzaron a construir armadas más grandes y poderosas.** Con ellas empezaron a expulsar a los piratas de los mares. Flotas navales bien armadas patrullaban los puntos problemáticos. Se ofrecían indultos gratuitos a los piratas que renunciaran a su vida de delincuencia y se daba recompensa a quien ayudara a capturar barcos pirata.

85

Edward Teach fue el pirata más aterrador de alta mar. Mejor conocido como "Barbanegra", mostraba una apariencia lo más temible posible. Trenzaba listones en su larga barba, llevaba seis pistolas colgadas al hombro y metía fósforos encendidos bajo su sombrero. Pero había un hombre que no le temía: el oficial naval Robert Maynard. En 1718, Maynard arrinconó al pirata, quien gritaba: "¡Que mi alma se condene si me rindo!" Maynard saltó a bordo de su barco y luchó con él hasta la muerte. En seguida cortó la peluda cabeza de Barbanegra y la colgó en la proa de su navío.

ACERTIJO GRÁFICO

¿Qué nombres de piratas te traen a la mente estas imágenes?

A

C   D

B

E

A. Hermanos Barbarossa ("Barbarroja"). B. Francis Drake. C. François "Pata de Palo" le Clerc. D. Grace "Pelona" O'Malley. E. Edward "Barbanegra" Teach.

86

Los motores de vapor significaron el fin para muchos piratas. La armada construyó buques de vapor, que viajaban con mayor rapidez que los antiguos veleros y no dependían del viento. ¡Los piratas simplemente no podían escapar!

En la horca

87 Muchos piratas capturados eran enviados a Gran Bretaña encadenados. Pero la mayoría no llegaba tan lejos. Eran llevados al puerto americano más cercano y ejecutados lo más pronto posible. Sólo los criminales más jóvenes, de 15 o 16 años, eran indultados y liberados.

▲ Durante el viaje a la prisión y el juicio, los prisioneros capturados eran atados juntos con largas cadenas.

88 En Gran Bretaña, los juicios duraban sólo uno o dos días. Los jueces querían condenar a los piratas lo más pronto posible para atemorizar a los que aún estaban en libertad. Cualquiera que hubiese disparado un cañón, llevado un arma de fuego o participado en un saqueo era hallado culpable.

89 Antes y después del juicio, los piratas eran mantenidos en prisión. En Londres, esto probablemente ocurría en la odiada prisión de Newgate, maloliente, sucia y sobrepoblada. Muchos prisioneros morían de enfermedades o inanición antes de ser ejecutados.

▲ La prisión de Newgate, en Londres, era brutal e insalubre.

◄ Ésta es una de las temidas "carracas". Se trataba de navíos de marina demasiado viejos para navegar, que habían sido adaptados para su uso como prisiones flotantes para los peores criminales.

91
Se dejaban los cuerpos en la horca hasta que la marea subía y los cubría. Al cabo de tres mareas, el cuerpo era bajado y enterrado, o bien, colgado con cadenas como lección para otros. Algunos cuerpos eran recubiertos con brea para que duraran más tiempo.

¡INCREÍBLE!
Tras ahorcar a William Duell, su cuerpo fue bajado y lavado. ¡Entonces alguien vio que todavía respiraba! Los tribunales no tuvieron valor para colgarlo otra vez, y en lugar de ello lo enviaron a Australia.

90
Los piratas culpables eran colgados en el Muelle de las Ejecuciones en Londres. A veces tardaban en morir. William Kidd tuvo que ser colgado por segunda vez pues la cuerda se rompió. Como advertencia para los que quisieran hacerse piratas, los cuerpos eran exhibidos en jaulas.

► Jaula de hierro en que exhibían los cuerpos de los piratas ejecutados.

92
La armada británica destruyó muchos barcos piratas. En 1849, una flota de juncos chinos fue hundida o incendiada en su totalidad cerca de Hong Kong y 400 piratas murieron. Después, el comandante naval destruyó los astilleros de los piratas y confiscó todas las armas.

Los piratas de hoy

93 **Los piratas no son cosa del pasado.** Hoy en día, aún hay muchos piratas en acción en los mares, especialmente en el Caribe y el Lejano Oriente. En 1992, hubo más de 90 ataques a barcos tan sólo en una parte del mundo: el angosto estrecho de Malaca, entre Singapur y Sumatra. Los piratas modernos se acercan a altas horas de la noche en botes pequeños y trepan por cuerdas o varas de bambú a la cubierta de los barcos mercantes. En pocos minutos roban los objetos valiosos de a bordo, se deslizan de nuevo por el costado y desaparecen en la oscuridad.

► Los piratas modernos trabajan de modo diferente que los de antaño. Prefieren ser sigilosos. Esto significa que no trepan a un barco gritando y encendiendo fuegos artificiales, como lo habría hecho Barbanegra. Prefieren entrar en un barco a hurtadillas, sin hacer ruido, tomar lo que buscan y escabullirse con el menor alboroto posible.

94

Los piratas de hoy utilizan armas modernas. Usan ametralladoras, rifles automáticos y botes rápidos. Organizan sus ataques con radios y computadoras.

ACERTIJO DE MAPA

Localiza en este planisferio los siguientes lugares famosos frecuentados por piratas.

Caribe	Océano Índico
Estrecho de Malaca	Cabo de Hornos
Madagascar	Cabo de Buena Esperanza

REINO UNIDO
Londres
EUA   ESPAÑA   CHINA   OCÉANO PACÍFICO
OCÉANO ATLÁNTICO
Caribe
Estrecho de Malaca
OCÉANO ÍNDICO
OCÉANO PACÍFICO
MADAGASCAR   AUSTRALIA
Cabo de Buena Esperanza
Cabo de Hornos

95

Todavía se buscan tesoros de piratas. Uno de los lugares más misteriosos es la Isla del Roble, cerca de la costa norteamericana. Los cazadores de tesoros han excavado ahí desde 1795, año en que tres niños cavaron un hoyo y hallaron una plataforma de madera. ¿Fue ahí donde el capitán Kidd u otros piratas enterraron sus botines? Desde entonces, los excavadores han descendido más de 100 metros bajo tierra, pero no han hallado ni una sola moneda.

Mito y realidad

96
El pirata más conocido está en un libro de cuentos: John Silver "el Largo". *La isla del tesoro* de Robert Louis Stevenson es de los relatos de aventuras más fascinantes y queridos. Con su villano de una sola pierna (Silver), su náufrago loco (Ben Gunn) y su tesoro enterrado, ha emocionado a miles de lectores desde que salió a la luz, en 1883. También se han hecho películas basadas en *La isla del tesoro*.

▲ Robert Louis Stevenson

▲ Escena de *La isla del tesoro*, de Robert Louis Stevenson. Puedes ver a John Silver, el Largo, con su loro, al extravagante náufrago Ben Gunn y, por supuesto, ¡el tesoro!

97
Otro famoso pirata imaginario es el capitán Garfio. Este malvado personaje aparece en la fantasía *Peter Pan,* de J. M. Barrie. Su mano fue cortada por Peter Pan, quien la dio a comer a un cocodrilo, por lo que el capitán usa un garfio en su lugar. La obra teatral *Peter Pan* se presenta frecuentemente en varias partes del mundo.

98
Muchos basamos nuestra imagen de los piratas en las películas. Desde que nació el cine, las películas de piratas han sido muy populares. Grandes actores, como Douglas Fairbanks, Errol Flynn, Dustin Hoffman y Mel Gibson las han protagonizado. Pero, por lo regular, estas cintas muestran una imagen romántica y divertida de la vida de los piratas y omiten el dolor y el salvajismo.

99

También hay piratas en las tiras cómicas. Muchos libros ilustrados presentan piratas joviales ¡que no son nada temibles! El más conocido de ellos es el capitán Pugwash, que no sólo es tonto, también es cobarde. Sólo su grumete Tom lo salva del desastre total a manos de su archienemigo, Jake el Degollador.

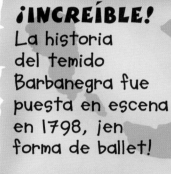

¡INCREÍBLE!
La historia del temido Barbanegra fue puesta en escena en 1798, ¡en forma de ballet!

◄ Los piratas de verdad nunca fueron tan bondadosos como los alegres *Piratas de Penzance*.

100

Los piratas más inverosímiles aparecen en una opereta. *Los piratas de Penzance*, creados por Gilbert y Sullivan, son unos verdaderos blandengues que se niegan a robar a los huérfanos. ¡Está de más decir que todas sus víctimas dicen ser huérfanas!

Índice